AUTRES HORIZONS

VOYAGES
AUX PAYS NOMADES

Erik ORSENNA
de l'Académie française

Bernard MATUSSIÈRE
photographe

VOYAGES AUX PAYS NOMADES

L'eau, le sable et les rêves

Éditions Métailié
20, rue des Grands Augustins, 75006 Paris
www.editions-metailie.com
2025

ISBN : 979-10-226-1445-0

À Thierry A.

L'AMITIÉ

Très tôt, ma feuille de route était prête. Je viens d'avoir huit ans.

Comme Tintin, je serai reporter.

Comme lui, je parcourrai la planète. Notre pays de France est beau, certes, et joyeuses nos vacances en Bretagne, mais ma curiosité bien trop gourmande. Puisque j'apprends qu'existent au moins trois Amériques, d'innombrables Afriques, un Lotus bleu, un roi Ottokar, du Coke en stock, une Étoile mystérieuse, sans compter la possibilité d'aller marcher sur la Lune, pourquoi me contenter de la rue de Vaugirard (XVe arrondissement de Paris) et de l'île de Bréhat (sublime mais seulement 3 kilomètres de long, à peine 1 de large) ?

Et comme en plus il semble bien que partout pullulent des méchants, le but d'une vie n'est-il pas d'en débarrasser la Terre ?

Reste à trouver mon Milou, mon capitaine Haddock et le professeur Tournesol, des compagnons qui m'accompagneront dans mes futures aventures.

J'ai un frère, une sœur, des merveilles, et des amis, mais chacun a déjà ses projets. Aucun ne partage ma folie d'explorer.

Je commençai donc seul mes premiers voyages.

Et puis un jour, passant le long du cimetière Montparnasse pour gagner la gare du même nom, je lis une plaque sur une maison de la rue Froidevaux, numéro 37 :

Dans cet immeuble de 1937 à 1939 ont travaillé
Robert CAPA 1913-1954
Gerda TARO 1910-1937
David SEYMOUR dit « CHIM » 1911-1956
Photographes et pionniers du reportage de guerre,
célèbres pour leurs images du Front populaire
et de la guerre civile espagnole

Je viens juste de fêter mes vingt ans. Au pays de mes héros, d'autres reporters ont rejoint Tintin. À commencer, justement, par ce Robert Capa. Modèle entre tous les modèles. Deux de ses photos me hantent : en Espagne, un homme vacille, il est de blanc vêtu, il porte au côté un fusil, une balle vient de le faucher. En

Normandie, le 6 juin 1944, un soldat va débarquer, sa tête casquée dépasse juste de la mer.

Je me prends follement pour lui. Un jour je serai mini Capa.

Avec la même feuille de route : voir, encore et toujours voir, le courage de tout voir, l'ambition gloutonne de ne rien perdre de cette vie qui commence.

Deux ans plus tard, mon frère me présente un certain Bernard. Nous savons bien que les coïncidences sont des rendez-vous. Ce Bernard a quitté le lycée pour rejoindre, comme apprenti, Émile Muller, l'un des photographes attitrés du Parti communiste français. C'est lui qui a repris le laboratoire… au fond du 37, rue Froidevaux. "Photographe" étant considéré comme un métier trop bourgeois, il se fait appeler "mécanicien-photographe", en souvenir d'une activité qu'il n'a sûrement pas beaucoup pratiquée mais qui le rend légitime.

Ami de mon frère, Matus devient le mien. Et c'est ainsi qu'une maison, dans cette rue Froidevaux qui longe un cimetière, c'est ainsi qu'un numéro, 37, va devenir camp de base. Le port d'où nous allons, plus de vingt ans durant, nous embarquer pour d'innombrables voyages. Portés, mais aussi surveillés par tous ces fantômes, ces légendes de la photographie, ces moralistes du regard. Ils ricanaient forcément en nous voyant partir. Peut-être nous souhaitaient-ils aussi bonne chance ? C'est votre tour, les jeunes ! Notre planète aura toujours besoin de reporters. Et vous avez raison, pour cette "pêche au Réel", mieux vaut doubler les armes, des images *et* des mots, comme pour faire une chanson, parole et musique. Quand on part pêcher au bas de l'eau, on emporte le matériel adapté aux objectifs : un crochet pour débusquer le homard, un râteau pour désensabler les praires, un haveneau pour les crevettes grises, du sel pour piéger les couteaux.

Et c'était bien d'une pêche qu'il s'agissait, une pêche d'une ambition folle, pire encore que celle de Moby Dick.

Qu'est-ce que le Réel ? Qui peut nous dire *qui* c'est ? Où *il* commence, où *il* s'arrête.

Quelle folle idée de vouloir s'en aller à sa pêche !

Comment, sans le trahir, le raconter, le représenter ?

Vers l'an 2000 arriva le "numérique". Désormais, Bernard apportait dans ses bagages deux appareils, les seigneurs Rolleiflex et Leica pour l'argentique, accompagnés désormais d'un passe-partout, un Canon. Bonheur pour les impatients ! Soudain, plus besoin de "développer" pour connaître le résultat d'une journée de guet et de clichés. Je me rappelle chaque soir, dans des hôtels souvent improbables, ces moments magiques de fierté enfantine où chacun sortait de son sac ses "prises", comme à la pêche.

Je me rappelle. Bernard commençait. On se penchait sur l'écran tout petit. Nos deux têtes se cognaient. Pour un peu, on aurait échangé, je me serais retrouvé chevelu comme le Matussière et lui chauve de ma sorte. Je m'émerveillais, mi-jaloux, mi-suspicieux : mais es-tu bien sûr d'avoir vu tout ça ? Pourtant nous marchions côte à côte ! J'avais des doutes. Et si le photographe, comme le cinéaste, convoquait des acteurs pour qu'ils lui jouent des scènes bien pittoresques, bien émouvantes ?

– Dis-moi, tu es sûr de n'avoir rien inventé ?

– Inventé, ça te va bien ! Et toi ? Je te rappelle qu'on est venus pour de la vérité, pas pour romancer.

J'ouvrais mon petit carnet jaune. Me noyais d'abord dans les excuses : ce ne sont que des notes, à peine un brouillon, je ne sais pas si on pourra garder les vrais noms… Je commençais à lire. L'histoire de l'immigrant guinéen guitariste. L'histoire de la Belge, aviatrice sans frontières. La recette pour attendrir le méchoui quand le mouton est trop dur d'avoir trop couru.

Bernard hochait la tête.

– Dis donc, tu ne brodes pas un peu trop ? Fais attention quand même. Si tu imagines, pas besoin de voyager. En tout cas, y a de la matière !

Et nous partions nous coucher. Il fallait prendre des forces. Dans le nord du Mali pour négocier avec nos escortes corrompues, à l'est de la Chine pour trouver les ateliers clandestins, ou pour rejoindre à moto le Brahmapoutre, le lendemain s'annonçait rude.

Comme vous savez, “le Réel”, notre terrain d'exploration, n'est pas que de l'Espace. Bernard et moi, on se bat aussi pour pêcher le Temps. Et là, j'ai tout de suite compris la concurrence inutile. Au mieux, s'il a du génie, un écrivain noircit 3 000 pages à la recherche du temps perdu tandis que son ami le photographe se contente d'appuyer sur un petit bouton, et hop, tel un oiseau saisi en plein vol, le présent se retrouve à jamais prisonnier du papier glacé.

Ô, comme j'ai pu haïr Bernard devant *l'évidence* de telle ou telle de ses images. En un clic, il avait dit ce qu'il me faudrait des mots et des mots pour raconter. Je ressentais une envie semblable à celle que j'éprouve devant le compositeur.

Au fond, la photographie a un pouvoir de même nature magique que celui de la musique, mais ce pouvoir aboutit à des résultats opposés : la photographie *fixe*, quand la musique *enchaîne*, le photographe *choisit*, quand le musicien s'abandonne au courant des *métamorphoses*.

Avouons-le, je fus infidèle.

Un voyeur a sa morale que la morale ordinaire généralement condamne.

Comment résister à l'appel d'Henri Cartier-Bresson me proposant d'écrire la préface de sa rétrospective de paysages (publiée chez un autre Robert, l'irremplaçable Delpire) ? Ô, ses leçons de perspective depuis son balcon de la rue de Rivoli ! Tu vois le bout des Tuileries ? Imagine la place de la Concorde encombrée de bâtiments divers ! C'est André Le Nôtre qui a ouvert les Champs-Élysées, nous ne lui devons pas seulement le Grand Canal de Versailles ! Tu sais ce qu'il disait ? "Si l'esprit crée la perspective, c'est la marche qui la fait vivre." À côté de lui Martine Franck, épouse d'Henri, souriait, silencieuse, et pas moins grande photographe !

Mais toujours, tel Ulysse, je suis venu et revenu au numéro 37 de cette rue Froidevaux qui longe le cimetière.

Revenu pour repartir.

Car c'est toujours de ce port légendaire que nous nous embarquons, Bernard et moi.

Vous entendez la sirène du bateau ? Voyez, la passerelle se relève.

Il est l'heure d'appareiller.

Ou de tourner la page, c'est pareil.

à Bernard
d'un autre habitué de
la rue Froidevaux
et en souvenir de Capa
Très cordialement
Henri

Dédicace de Henri Cartier-Bresson à Bernard Matussière

Nous partons souvent Erik et moi, par amitié, pour être ensemble.

Ça a commencé avec Cuba. Ensuite, il a écrit sur le coton. Partons en Afrique voir le coton ! Il me refait le coup avec les fleuves, départ pour la Chine, pour l'Inde.

On évoquait parfois l'idée de faire un livre un jour, peut-être...

Des années plus tard, le jour est arrivé.

J'ai une amie, rue Froidevaux, Anne Marie. Elle est éditrice, elle habite dans ma cour. Quarante ans de cour commune, c'est quelque chose.

On a été la voir avec Erik, on lui a parlé, on lui a montré et elle a dit oui.

CUBA

Du rêve révolutionnaire aux lendemains qui déchantent

Les espérances sont aussi des pays nomades. Elles ne tiennent pas en place. Elles plongent souvent d'autant plus bas qu'elles sont montées plus haut. Comme à Cuba, l'île où vécut, tout au long du XIXe siècle, une grande partie de ma famille.

Cuba ! Royaume de nos rêves, notre musique, notre littérature. Chez nous, la seule Amérique qui vaille était caraïbe, incarnée et racontée inlassablement par Jean, mon grand-père paternel.

La bamboula du 2 janvier 1959 restera gravée dans ma mémoire. J'avais onze ans. La veille, Castro et ses barbus avaient chassé l'odieux dictateur Batista. Pourquoi mes grands-parents, petits-bourgeois très conservateurs, ont-ils tant célébré, et jusqu'au matin (“Vous vous coucherez plus tard, les enfants ! Il faut savoir vivre les journées historiques…”), la victoire de la révolution ? Pour ma grand-mère Colette, la réponse est simple : elle aimait les fêtes et le lit, celles-ci conduisant immanquablement à égayer celui-là, où mon grand-père obèse (me confia-t-elle juste avant de mourir) lui procurait des plaisirs répétés et délicats. Jean, lui, trop à l'étroit en France, tenait sa légende. Fidel allait rejoindre ses héros. Aux côtés de Mistinguett, James Joyce, Maurice Chevalier, Fausto Coppi, et Raymond Oliver, sosie de Pierre Brasseur et patron du succulent Véfour.

Nul plus attentivement que lui ne suivit l'épopée des barbus vert olive, et chaque fureur de Washington le mettait au bonheur. Vieille rancune de la Grande Guerre : si les États-Unis n'avaient pas tant tergiversé avant de venir rembourser leur dette à La Fayette, bien de ses amis combattants seraient encore vivants.

Le cousin Fidel lui était d'un autre secours : résister aux invasions de sa belle-famille, qui avait le triple inconvénient d'être provinciale, amoureuse de Paris et beaucoup trop nombreuse. Dès qu'une marée de cousins-cousines se préparait, il tendait tout l'appartement de drapeaux bleu et rouge pour fêter la dernière avancée de notre île mythique vers les lendemains chantants : telle étape, décisive, du processus de "conscientisation", la mise en place de la réforme agraire dans la province de Cienfuegos, le congrès fraternel des donneurs de sang, le troisième anniversaire de la première campagne d'alphabétisation...

– Tu es sûr, lui demandait sa femme, qu'on ne pourrait pas d'abord recevoir ma sœur et ses enfants ?

Il restait inflexible :

– Cuba ne doit pas se sentir seul au monde ! Si ta sœur et ses boutonneux veulent venir avec nous applaudir cette marche admirable vers le Progrès, ils sont les bienvenus.

Jean ne prenait pas de risque. Il savait que chez ces Lyonnais mâtinés de Bretons, le marxisme était une invention du diable.

Comme on imagine, l'île mythique de mon enfance ne m'avait jamais quitté. Souvent, je l'entendais m'appeler. Ne crois-tu pas qu'il serait temps pour toi de venir à tes sources ? Le jour a fini par arriver, en 1995. Après huit ans de trahison sociale-démocrate avec François Mitterrand, un petit pèlerinage dans le vrai marxisme me ferait le plus grand bien.

– Que vas-tu faire là-bas ? Aujourd'hui ?

Mes amis, à commencer par Régis Debray et Bernard Kouchner, me regardaient en grimaçant faire mes bagages. Dubitatifs, soupçonneux, propriétaires : Cuba était leur chose. Ils avaient tellement voulu y croire, tellement aimé La Havane de leur jeunesse, tellement parlé d'avenir avec le grand barbu : des nuits, des jours, et tant d'autres nuits. Ils ne pardonneraient jamais à ce Fidel d'avoir gâché leur double rêve : un communisme fraternel et la possibilité de la douceur chez un tyran. Illusions fréquentes chez les intellectuels, voyez Voltaire. Le despote éclairé est une denrée par essence périssable. Sous tous les climats, et peut-être pire encore quand il fait chaud, la durée du pouvoir faisande les meilleures natures.

Tant bien que mal, j'ai rassuré ces ex-croyants. Je n'allais pas là-bas serrer la main de leur ancien messie, emprisonneur de poètes.

J'allais seulement saluer ma famille, la vraie, la fausse : chacun sait que les arbres généalogiques, sous les tropiques, tiennent du baobab mais surtout de l'auberge espagnole.

J'allais prendre chez ces gens des leçons de vaillance : comment survivre à la fin d'un grand rêve ?

Et puis, avouons-le, certains jours, notre Vieux Continent lasse. Ses continuelles quêtes identitaires fatiguent, ses croisades purificatrices dégoûtent. Alors, l'appétit monte d'une terre de mélange. L'heure sonne de rendre hommage aux métisses et de danser à leur musique.

Qui pouvait mieux m'accompagner que Bernard, assistant d'Émile Muller, grand reporter du Communisme ?

Vous voulez un résumé de notre voyage ?

Mon fils Sébastien, quinze ans, avait bien voulu m'accompagner. Il n'avait pas connu son arrière-grand-père. Il connaîtrait son île. Un jour, il marchait entre nous. Soudain surgit une Cubaine d'une invraisemblable beauté fière. Je crois bien me souvenir qu'elle était aussi un peu blonde. Nos têtes d'un même mouvement la suivirent. Fatale imprudence dans ce pays aux chaussées improbables. L'instant d'après, Sébastien avait disparu, avalé par un grand trou béant dans le macadam. Par chance, plus de peur que de mal. Il saisit nos mains tendues et retrouva la surface. El Floridita, le bar d'Hemingway, était à deux pas (153, rúa Obispo). Nous y avons commandé trois daïquiris double dose.

– Y compris pour le *joven* ?

– *Claro !* Il revient de loin. Et nous aussi !

Dans les pays nomades, tout bouge. La géographie dérive.

L'agriculture et l'élevage quittent la campagne pour s'installer au cœur des villes. Surtout quand la faim tenaille.

La révolution, comme son nom l'indique, veut tout changer. Ainsi, les aimables Khmers rouges vidèrent les villes cambodgiennes de tous leurs habitants. Dans leur philosophie lumineuse, l'Homme Nouveau ne pouvait naître qu'à l'air pur des champs. La transformation de La Havane en vaste ferme urbaine clandestine faisait-elle partie du grand projet castriste ? Les appartements d'une bonne partie de la ville regorgent d'animaux comestibles. Les salons sont devenus basses-cours, les salles de bains porcheries, les pintades se sont mises à la télévision.

Cette photo du porc élevé dans une salle de bains, les autorités cubaines ne nous l'ont jamais pardonnée.

Mais nous avions écrit pire.

Les bâtisseurs d'idéal sont souvent des constructeurs de clôtures barbelées destinées à empêcher leur peuple de sortir du paradis.

Il faut voir les Cubains regarder l'eau qui les entoure, l'œil perdu, les dents serrées, l'oreille sourde à nos exclamations sur la beauté du bleu-vert caraïbe. C'est que la mer est leur mur de Berlin et que les mâchoires de requins ont tué beaucoup plus que les rafales de VoPos.

Autrefois le Malecón était l'avenue magique, la plus joyeuse des promenades longeant l'Océan. Aujourd'hui, les façades décrépies ont vue sur un cimetière. Et les silhouettes qui pêchent, accroupies sur des chambres à air de camion, ballottées par le clapot, ressemblent à ces statues d'anges qu'on a posées sur les tombes d'enfants.

Ils se seront croisés.

Tandis qu'à la surface de la mer, les *balseros* fuient l'île, les mafieux de tout poil par la voie des airs y arrivent. Les premiers étouffaient dans le paradis manqué. Les seconds d'avance se pourlèchent les babines : l'échec d'une société est leur meilleur terreau. On les voit, on les sent. Leurs grosses voitures allemandes sillonnent déjà la ville. Quel touriste ordinaire choisirait une Mercedes noire et ses vitres teintées pour découvrir les Caraïbes ?

Paradis : le seul endroit de la Terre que l'on quitte au péril de sa vie.

Il paraît que Fidel en personne, El Líder Máximo, n'a pas supporté ma définition. Surtout venant d'un enfant d'enfants du pays.

Si bien que je ne suis jamais revenu dans l'île de mes ancêtres. Suivant le conseil exprès de tous les ambassadeurs français qui se sont succédé à Cuba.

– Oh, tu seras chaleureusement accueilli. Et puis, au moment du retour, quelque fonctionnaire de l'aéroport ouvrira ta valise. Et comme par hasard y découvrira quelques grammes de substance blanchâtre parfaitement illicite. Direction la prison. D'où tu seras libéré, bien sûr, quelques mois plus tard, à la suite de nos interventions vigoureuses. Mais le temps pour toi d'y avoir chopé quelques maladies, et pourquoi pas d'origine honteuse. On viole beaucoup dans les geôles locales. Et présenter l'académicien ennemi de la révolution comme un cocaïnomane, par ailleurs déviant sexuel, quelle aubaine pour le régime ! N'oublie pas que la Stasi, la très regrettée police secrète est-allemande, a longtemps conseillé sa cousine tropicale.

"Cuba a réinventé la nuit noire."

Voici ce que nous écrivions, il y a… trente ans.

Depuis, le noir, là-bas, a encore progressé. Soixante-douze heures durant, en ce mois d'octobre 2024, à la suite d'une énième panne de centrales à bout de souffle, l'île s'est de nouveau retrouvée privée de toute électricité. Occasion pour le successeur de Fidel, le pathétique Díaz-Canel, de paraître à la télévision, sitôt le courant pour quelque temps revenu. Pour impressionner et signifier que l'heure était grave, il avait enfilé un treillis militaire. D'une voix qui se voulait forte mais chevrotait quand même, il menaça son pauvre peuple de terribles châtiments s'il ne respectait pas "la loi révolutionnaire".

Cuba, 1994.

La Havane. Nous avons un guide, un traducteur formé à l'école communiste. Il n'est jamais sorti de Cuba, mais il connaît le nom des rues de Paris… J'ai pris deux Rolleiflex : un 80 mm et le merveilleux grand-angle, 55 mm. Un peu lourds autour du cou…

J'arpente le Malecón, le jour sous le soleil, la nuit avec un flash. Pêcheurs le jour avec leurs chambres à air de camion pour sortir en mer, pécheresses la nuit en minijupe, sourires, gaieté.

Départ pour Pinar del Río.

Tabac, cigares, photos dans les plantations, visite des fabriques de cigares. Des femmes qui roulent, qui coupent les feuilles de tabac, bonne ambiance.

Cienfuegos, patrie de la canne à sucre : désolation, tristesse, je vois des remorques, pratiquement neuves, sur des parpaings, les roues disparues. Elles ont été prises pour autre chose. Portraits un peu tristes des ouvriers, vêtements rapiécés, chapeaux de paille cabossés, regards éteints.

Retour à La Havane. Boîte de nuit en plein air « la Tropicale ». J'ai un guide de 13 ans, collé à moi, qui était briffé en amont par un ami et qui, lorsque c'est nécessaire, explique pourquoi je mitraille les gens avec mon flash. Tout le monde est un peu ivre. La musique est énorme, les danseurs très sexy, ça boit, ça se frotte, ça rit, ça hurle, on m'offre des verres, chaude ambiance, très *caliente*...

Très bonne séance... 6 films.

J'arpente la Vieille Havane, c'est mon coin favori, décrépitude, anciens immeubles magnifiques.
Je monte des escaliers en marbre plus très nets,
des gens m'invitent, je vois des poulets sur les balcons avec un fil à la patte pour éviter l'envol, même trouvé un cochon dans une baignoire ! L'ingéniosité
des Cubains pour survivre.

Et il y a Stéphane. Un ami français dont la mère est mariée avec un Cubain. Il vit ici. Avec lui, je loue une voiture. On a une grosse lettre collée à l'arrière pour montrer que c'est une voiture de location, donc des étrangers à l'intérieur. Stéphane est au volant, on roule tranquille sur cette magnifique avenue des Amériques, Stéphane me dit : les flics derrière font des appels de phare. On se gare, il sort de la voiture, va les voir, revient goguenard. « Tu peux pas deviner ce qu'ils veulent. » Non, je ne peux pas. Ils ont deux filles dans leur voiture et demandent si on peut les amener au club Machin plus loin sur la route. Mais oui, bien sûr ! On les a posées, les deux filles, dans un club sur une plage, elles pouvaient pas rentrer sans étrangers. On a bu un verre tous les quatre et on est partis, les laissant travailler.

J'ai adoré Cuba. Il vaut mieux y aller en été sous le soleil. Quand il pleut, La Havane c'est vraiment le socialisme.

TORRES

SAHEL

Frontières de sable

Me trouvant trop à l'étroit en France, je rêvais d'Afrique depuis toujours. Mais je n'y suis venu pour la première fois qu'au tout début des années 1970.

Je venais de passer ma thèse de doctorat d'économie et je me passionnais, déjà, pour les matières premières. C'est dans ce cadre que je me retrouvai à Dakar pour participer à une réunion sur la stabilisation du cours de… l'arachide. Le soir, lors d'un cocktail offert par l'ambassadeur de France, je rencontrai le président Léopold Sédar Senghor. Je lui parlai de mon admiration profonde pour sa poésie. Stupéfait par mon enthousiasme et ma connaissance, il me prit en affection. Occasion pour moi de venir et revenir souvent dans la région.

Ne le dites pas aux autres et, s'il vous plaît, gardez pour vous cette confidence : parmi tous les fleuves, et Dieu sait si j'en connais, et Dieu sait si je les aime, le Niger a ma préférence.

Pour sa folie – à peine né, il monte plein nord s'affronter au Sahara.

Pour mes neuf voyages Koulikoro-Gao sur le paquebot *Kankou Moussa* (cabine 5).

Pour les quinze ans de mon fils Sébastien, célébrés sur ce bateau, un certain 29 août 1995. Pour le joyeux anniversaire, chanté, dansé par tous les passagers une bonne partie de la nuit !

Pour, d'escale en escale, le concert des musiques entendues, et d'abord à Niafunké, les blues d'Ali Farka Touré sur son luth n'goni à quatre cordes.

Pour mes amis pêcheurs bosons, dompteurs d'hippopotames.

Pour, à Ségou, les allées ombragées de *balanzans* (*acacias albida*).

Pour le riz flottant *oryza glaberrima* (variété locale).

Pour, à Mopti, le Bissap Café et ses pizzas à l'arachide.

Pour le lac Débo, au cœur du delta intérieur, et ses 365 espèces d'oiseaux.

Pour Jean-Marie Gibbal, *gaw* assermenté, inlassable chroniqueur des divinités fluviales.

Pour Joël Calmettes, le réalisateur du film tourné ensemble en hommage à Djoliba, puisque c'est ainsi que les Mandingues appellent le Niger.

Pour Demba Diabira, président du conseil des Maliens de France, par ailleurs, et pour l'éternité, incomparable conteur des grandeurs du port de Bamako (Koulikoro).

Et pour bien d'autres raisons, géographique, botanique, ornithologique, géopolitique, amoureuse et poétique, que mes romans ne parviendront jamais à épuiser.

Comme l'Égypte est "don du Nil", l'Ouest africain doit tout au Niger.

Sans le Niger, cette partie du monde redeviendra désert.

Et la lumière s'éteindra sur ses formidables civilisations.

Car le Niger est menacé.

Un beau jour, il peut très bien s'arrêter de couler, d'abreuver, de nourrir, de tisser, de transporter.

Un beau jour, les pirogues pourriront sur le sol et les plus résilients des poissons auront compris qu'il vaut mieux se changer au plus vite en poulets.

Un beau jour, seuls les plus anciens se souviendront qu'une eau vive, jadis, coulait là, et que des enfants s'y baignaient.

Oui, le Niger, notre Djoliba, est menacé, sans doute plus gravement qu'aucun autre fleuve.

Car sept plaies le survolent, sept plaies au-dessus de lui tournent et retournent comme autant de vautours affamés.

Contre les deux premières plaies, le soleil et le sable, on ne peut guère agir.

Qui peut demander au soleil de bien vouloir darder moins fort ses rayons, et, ensuite, de moins évaporer ? Ces régions proches de l'Équateur reçoivent directement son énergie : sauf à pouvoir incliner l'axe de la Terre, personne n'y pourra rien changer.

Quant au sable, qui peut lui reprocher d'ensabler ? Le Sahara se venge de ce Niger qui avait osé le défier. Pour amener l'impudent à résipiscence, il a suffi au désert de saupoudrer dans le lit du fleuve quelques grains de ses dunes.

D'autant que le courant de son eau est si lent que tout dépôt gagne le fond, sans avoir la moindre chance d'être emporté. Les fleuves asiatiques dévalent du plateau tibétain, 4 000 mètres d'altitude. La source de leur confrère de l'Ouest africain n'atteint pas 500 mètres. Un rapide calcul donne une pente à peine supérieure à… 10 centimètres par kilomètre. Pardonnez-moi, mais soyons prosaïque : pas très efficace, la chasse d'eau !

Des cinq autres plaies du Niger, nous sommes, nous, *sapiens sapiens*, les seuls responsables :

1) l'assassinat des arbres dans le massif forestier du Fouta-Djalon ;

2) un peu partout, mais surtout vers Bamako, la prolifération des jacinthes d'eau ;

3) le cancer des djihadistes ;

4) la malédiction des matières premières, à commencer par l'or (tout du long de son cours) et le pétrole (dans son delta) ;

5) la furie des pirates dans le golfe du Bénin, bien plus redoutables que nulle part ailleurs au monde.

Depuis des années, constatant la sévérité croissante des maux qui le frappent, je me demandais si le Niger allait vivre aussi longtemps que moi. Aujourd'hui, la question ne se pose plus : là-bas, au cœur du Sahel, je suis désormais interdit de séjour. À peine aurais-je posé un pied n'importe où sur sa rive qu'une bande me ferait prisonnier en attente d'une rançon ou d'un chantage politique. La probabilité est donc grande que je ne le voie plus jamais, ce Niger que j'aime tant. C'est ainsi que j'ai découvert l'exil. On peut être orphelin de fleuve comme on est privé de ses parents ou chassé de son pays.

Alors, endeuillé, je me replonge dans mes notes. Et tant bien que mal me console en regardant les photos de Bernard.

Pour bien comprendre la vie et surtout les raisons de mes amours, je dois toujours passer par un roman. Comment connaître l'Afrique ? Il me manquait un personnage. Je l'ai rencontré plus tard lorsque, ayant intégré le Conseil d'État, je devais examiner la légalité des recours contre les décisions de l'administration française rejetant les demandes de visa. J'allais raconter l'histoire d'une femme malienne qui voulait venir chez nous retrouver son petit-fils. La France lui refuse l'autorisation. Mon héroïne, appelons-la Madame Bâ, n'est pas du genre à obtempérer. Elle prend la route des migrants. Encore faut-il que je la connaisse, cette route, ô combien incertaine. L'écrivain doit se faire reporter. Bernard, toujours partant pour ce genre d'exploration, décida généreusement de m'accompagner. Les premières étapes furent vite avalées. Bamako, Mopti, Tombouctou. À Bourem, nous allions entrer dans le vif du sujet.

L'endroit ne paie pas de mine : au bord du fleuve, un amas de cubes ocre, cerné par des pustules plus claires (les tentes rondes des Bellas, les esclaves des Touaregs). Une localité pareille à des milliers d'autres. Pour lui rendre justice, il faut revenir à la carte, et constater qu'à partir de ce point précis, le Niger infléchit sa course et, comme tous les autres fleuves, accepte de reprendre la direction de la mer. Saluons cette sagesse retrouvée !

Sur une place, une dizaine de pick-up attendaient, un vrai musée Toyota, des modèles les plus anciens, les BJ 30, 45, aux bombes plus récentes, le BJ 75,6 cylindres, 180 kilomètres-heure garantis, le HZJ 105, présenté comme "le palace des sables"… Certains n'avaient encore que deux ou trois clients. D'autres débordaient déjà de passagers. Aucun des jeunes gens ne bougeait, les uns dormaient, prenaient des forces, les autres regardaient droit devant, sans rien dire, l'air drogué.

Un homme édenté m'ouvrit les bras, un ancien combattant, il portait un ruban vert à son veston troué.

– Tu veux l'Algérie, le Maroc, la Libye ? Bon prix. Sécurité. Choisis le véhicule. Tu ne seras pas déçu. Rien que du premier choix.

Pour être franc, j'hésitais.

– Alors, vous avez fait connaissance avec les mafias locales, on dirait ?

Quelqu'un me parlait dans le soleil. Un homme me tendait la main avec un grand sourire.

– Gilles Bastian, ressortissant luxembourgeois, ONG Aman Iman, *L'eau c'est la vie* en bambara. Nous forons des puits.

Je dis mon admiration pour cette belle activité.

– Si vous allez vers le nord, j'ai de la place pour Kidal dans un bon vieux Cessna 105. Croyez-moi, vous ne perdrez pas au change.

– Pourquoi, ces pick-up sont dangereux ?

– Le transport est une grande famille. Qui charge des immigrés d'accord, mais aussi des cigarettes, des armes, de la drogue…

La pilote (quatre galons) d'Aviations sans frontières se prénommait Marie Pierre. Ma présence en ces lieux l'intriguait.

Je croyais qu'écrire des romans était une activité tranquille et casanière. Désormais je prendrai les romans plus au sérieux. Avant d'embarquer elle me tendit une pilule.

– Pardon d'être triviale, surtout avec un intellectuel, mais mon petit appareil n'a pas de toilettes. Mieux vaut prendre ses précautions avant le départ, n'est-il pas vrai ?

Je hochai la tête et avalai le constipant.

Un vent de sable se leva très vite. Une brume jaunâtre se mit à nous cerner de près. La Marie Pierre aux quatre galons ne semblait pas rassurée. J'étais assis derrière elle au milieu des bagages. Je voyais les cheveux de sa nuque se perler de sueur et elle parlait de plus en plus. Les pays européens n'ont-ils pas honte de si peu donner au Sud ? C'était son refrain. Au contraire, vive le Luxembourg ! Par exemple, c'est grâce à un don personnel de la grande duchesse qu'on vient de nous installer le GPS. Merci à elle ! Même si, pour être franche, à quoi sert de savoir où on est si on ne voit pas où atterrir ? Accrochez-vous, je vais descendre encore un peu.

Dans les éclaircies, nous retrouvions la piste, les traces de pneus et les camions. Les malheureux ! Ils avaient l'air de tant souffrir, écrasés par leur charge, disloqués par les crevasses de la route. Ils n'avançaient que mètre après mètre. Beaucoup avaient rendu l'âme, abandonnés çà et là. D'autres étaient soignés avec ardeur. On voyait des capots levés, des corps allongés entre les roues ou plongés dans les moteurs. Les pick-up passaient plus vite. Qu'ils montent vers le nord ou en redescendent, ils étaient tous pleins. J'interrogeai Marie Pierre.

– Je ne comprends pas. Drôle d'immigration ! Ils sont aussi nombreux à revenir qu'à partir.

– Figurez-vous que l'Algérie refoule, maintenant. Et le Maroc, et la Libye. Tout le monde refoule.

– Combien réussissent à franchir le Sahara ?

– Personne ne sait. 10 % ? 20 % ?

– Pardon, mais cette fois, Marie Pierre, vous me semblez voler vraiment très bas.

– Vous avez une autre méthode pour atterrir ?

Le puisatier dormait. Pour plus de sécurité, juste avant le décollage, il avait avalé une deuxième, puis une troisième pilule. Elles devaient avoir des vertus dormitives non prévues par la notice. Il ne se réveilla que l'acrobatie terminée, le Cessna miraculé roulait dans une opacité totale sur une surface qui devait être une piste.

Merci mon Dieu, quel qu'Il soit !

Je n'avais jamais entendu Bernard prier.

Bienvenue à Kidal !

Hélas, mes vacances étaient finies. Le Conseil d'État m'attendait et ses dossiers bien-aimés, sa statistique impitoyable ("une bonne Justice, ce sont des jugements rendus vite").

Je jurai de revenir. Le vrai Nord m'attendait, la route vers l'Algérie, celle qu'avait suivie Madame Bâ. Je priai mon roman de patienter. L'année suivante, promesse tenue, j'étais de retour, mon carnet orange ouvert, prêt à tout noter.

Dans le périple suivant, un autre ami, Nicolas Normand, alors en poste au Mali, nous accompagnait.

Quand j'y repense, c'était un autre monde, une époque pourtant pas si lointaine, à peine plus de vingt ans. Un bon mois durant, nous avons parcouru ce nord-est du pays, avec… l'ambassadeur de France, sans aucune protection. Partout reçus fraternellement, nourris de méchouis mémorables, invités à ce festival où se donnèrent libre cours la diversité et la formidable vitalité de la culture touareg (mode, danse, poésie, musique, théâtre, courses de chameaux…). La nuit, nous dormions, tous ensemble, figurez-vous, dans des tentes immenses, les hommes d'un côté, les femmes de l'autre ! Où s'en sont allées cette gaieté, cette inventivité, cette liberté ? Et qui les a tuées ? Pauvre Azawad, aujourd'hui concentré de toutes les violences.

Géographie déchirée, au carrefour des frontières de l'Algérie et du Niger, non loin de la Libye, chaos terrible et mortifère depuis l'élimination de Khadafi, mis à mort lors d'une croisade occidentale soi-disant motivée par un souci démocratique. Ne croyez pas que je chéris les dictateurs. Mais la réalité et la connaissance du terrain obligent à dire que parfois un tyran est moins pire que, lui disparu, ce qui va suivre.

Pour compléter le triste tableau de la situation présente, n'oublions pas des arrivés récents, qui ne contribuent guère à la paix, les nouveaux amis de Bamako, les mercenaires russes, héritiers de l'armée Wagner…

Cela dit, n'enjolivons pas "notre" temps, celui de ces photos. La zone vivait déjà de trafics, aussi savoureux que cruels.

Parmi mes souvenirs me revient celui d'un petit séjour à Inhalit, dernière localité avant Bordj-Mokhtar (Algérie). Le sous-sous-gouverneur local nous avait interdit d'aller plus haut, "trop, beaucoup périlleux", nous répétait-il, avec un sourire touchant de bienveillance. Après trois jours d'attente, il nous convoque dans son bureau immense et vide.

– Mes amis, j'ai trouvé la solution !

– Vous nous en voyez ravis !

– Votre sécurité sera garantie ! Car vous aurez deux escortes.

– Pourquoi deux ?

– Parce que la première est gratuite !

Sachez que cette deuxième escorte disparut dès sa facture dûment réglée. Nous apprîmes plus tard qu'elle était partie capturer les troupes de migrants en marche vers le nord. Kalachnikovs dans le dos, ils étaient menés à certains entrepreneurs peu scrupuleux qui les prenaient comme esclaves, le temps qu'ils règlent d'imaginaires péages.

La dernière fois que j'ai vu le sable, c'était en 2021, un reportage sur le Niger pour le journal *Le Monde*.

En Afrique, souvent, les chauffeurs de taxi accrochent une philosophie à leur rétroviseur. "Tout le monde peut venir, tout commence seulement quand on revient." Ou : "La douleur conseille." J'ai cherché dans ma collection celle de ces devises qui raconterait le mieux la vaillance des gens que j'avais rencontrés.

Et j'ai trouvé : "Tu ne seras jamais déçu par l'espérance."

Car ce pays mène, en même temps, un nombre de guerres que vous ne pouvez imaginer. Des guerres qui s'alimentent l'une l'autre et dont chacune est mortelle. À tous ceux qui, chez nous, gémissent sur l'impossibilité désormais de gouverner, je conseille d'aller voir au sud du Sahara. Ils apprendront le sens du mot difficulté.

L'espérance peut devenir chevalerie. Ce nouveau voyage m'en a donné la preuve. Et les personnages.

Après quatre heures de vol dans un autre Cessna, celui-ci modèle Caravane, propriété de l'armée, quatre heures à survoler le vide, l'ocre du désert, seulement strié de traits plus pâles, la marque de pistes sur lesquelles personne ne semble plus passer, soudain paraît une ville, entourée d'une couleur oubliée : le vert.

Voici Diffa.

L'ambiance est… militaire. Des pick-up armés de mitrailleuses protègent l'aéroport minuscule. C'est peu dire qu'une escorte va nous accompagner. Une compagnie entière a été mobilisée.

– Où est le front ? Il paraît tout proche.

– L'ennemi est mobile, répond le colonel. Il peut frapper à tout moment. Ses seules bases fixes sont cachées dans les îles du lac Tchad.

– Vous ne pouvez pas les bombarder ?

– Impossible, les méchants se sont mêlés aux populations.

À 1 300 kilomètres, plein est de Niamey, cette partie du pays aurait tous les atouts pour devenir l'une des plus riches. Bien aménagée, sa rivière. Koudougou pourrait irriguer 75 000 hectares et son immédiate proximité avec le Tchad et le grand voisin Nigeria devrait garantir à ses productions tous les débouchés. Une néfaste combinaison a ruiné cette évidence de la géographie.

Dès 2009, Boko Haram s'est implanté dans cette région de frontières et a commencé à y faire régner la barbarie. Une première vague de réfugiés a déferlé sur Diffa. Puis, motivée par on ne sait quelle jalousie, quel désir de notoriété, la rivière s'est mise à déborder.

Trois années durant, 2015, 2016, 2017, elle est sortie de son lit sur des dizaines de kilomètres, a dévasté les plantations, empêchant l'élevage. Privés soudain de toute source de revenus, certains cultivateurs prêtèrent l'oreille aux discours des islamistes et acceptèrent leurs subsides. Les autres ont fui.

Notre convoi s'engage sur la grande route de N'Djamena. Premier arrêt à Garin Dogen. Une foule se précipite, trois groupes bien distincts. Autour de nous, les hommes ; juste derrière, les enfants ; plus loin, les femmes et leurs youyous de bienvenue. Le maire explique la situation :

– Avant, nous étions 1 000. Aujourd'hui, 16 238.

– Et comment les nouveaux arrivants ont-ils été accueillis ?

– Nous avons tout partagé ! La frontière est la rivière. Des deux côtés, nous sommes de la même ethnie. Dans une famille, on se prête la terre, et comme Dieu, remercié soit-Il, nous offre l'eau et le soleil en abondance… Il faut ajouter que les humanitaires et l'État nous apportent leur soutien. Mais nos populations s'affaiblissent. Surtout depuis que se multiplient les inondations. Dites-le, à Niamey, qu'il faut bâtir une tranchée, elle empêchera le double débordement, celui de l'eau et celui de Boko Haram.

– Quelle longueur devrait-elle avoir ?

– 240 kilomètres. Bien sûr, c'est cher. Mais la richesse naîtra. Un jour, quand vous reviendrez, je vous montrerai ce qu'une famille peut gagner en un an dans la culture du poivron.

Le soir, de retour à l'aéroport, de mauvaises nouvelles nous attendaient. À Maiduguri, au Nigeria, juste de l'autre côté de la frontière, Boko Haram venait d'attaquer une garnison. Sept morts. Et à Diffa, dans l'après-midi, on avait arrêté un homme porteur de… treize billets de 500. Le colonel sourit :

– Quand je vous disais que l'ennemi est partout. Il ressurgit tout le temps.

Il faut se rendre compte du coût que représente pour le Niger cette menace permanente à quasiment toutes ses frontières.

Elle empêche le développement de régions entières, parmi les plus riches. Aux réfugiés, il faut venir en aide alors que, dans un univers de paix, ils auraient participé au bien-être du pays. Surtout, il faut équiper et entretenir des troupes. Dans son maigre budget, la part des dépenses militaires dépasse couramment les 20 %. Crève-cœur quand tant d'autres tâches nous attendent !

Trois jours plus tard, dimanche 13 janvier au matin, nous voici à Zinder pour fêter une route, plutôt un tronçon de route, les 138 kilomètres séparant cette ville de Tanout. Contribution minuscule au rêve de Grand Axe Alger-Le Cap. Mais moindre calvaire pour les 450 camions (dont 120 citernes) qui empruntent chaque jour cette partie de chaussée complètement dégradée, trois heures en moyenne pour se sortir des multiples pièges des 50 premiers kilomètres. L'atmosphère est joyeuse, la foule colorée.

Les riches lancent des billets dans le vent. Et moi, au milieu de la tente réservée aux officiels et aux chefferies traditionnelles, voici que je retrouve mon ami Mai Martab, rien moins que… le sultan du lieu.

Il y a près de quarante ans, tout jeune conseiller technique au cabinet de Jean-Pierre Cot, ministre de la Coopération, j'étais venu m'occuper d'uranium. Et le sultan avait profité de mon passage pour demander mon avis. Il voulait changer la décoration de son harem. En tant que Français, je devais savoir utiliser au mieux le catalogue de La Redoute. Entourés par ses femmes, d'abord intimidées puis jacassantes, nous avions longuement comparé les prix, soigneusement évalué la qualité des meubles et des tissus proposés. Il me suffit de prononcer les deux mots magiques, La Redoute, pour que le bon souvenir lui revienne. Sous le regard stupéfait du corps diplomatique, les deux vieux camarades s'embrassèrent.

Je me rappelle que nous avions aussi beaucoup parlé d'eau. Il y a très longtemps, Zinder était capitale du Niger. En 1926, les autorités coloniales, n'en pouvant plus de la sécheresse, l'ont déménagée à Niamey, au bord du fleuve.

Depuis des décennies, tout le monde sait quelle est la mesure la plus efficace pour lutter contre l'explosion de la démographie :

rendre obligatoire la scolarité des filles jusqu'à seize ans. On les préserve ainsi de la plaie des mariages précoces et donc forcés. Ainsi on leur donne les moyens de leur autonomie, intellectuelle et matérielle.

Le Niger, au moins avant le coup d'État de juillet 2023, et contrairement à la plupart des autres pays du continent, considérait cet objectif comme une priorité et y affectait de vrais moyens.

La femme est l'avenir de l'Afrique.

À force d'être entendue, cette vérité vire vite à la rengaine, mélange d'évidence et de paresseuse espérance. Encore faudrait-il que l'homme africain permette à la femme africaine de déployer ses qualités.

En 2007, une enquête des Nations unies avait conclu par des résultats dramatiques : une terrible mortalité chez les mères, combinée à une croissance démographique sans aucun contrôle. La raison de cette situation n'était pas difficile à trouver : une majorité de femmes n'utilisaient pas les services de la SR, autrement dit la Santé de la Reproduction. Car les hommes le leur interdisaient. Pour ne pas rompre avec la tradition, les femmes accouchaient dans les cases, sans aucune assistance médicale, avec les risques que l'on connaît, notamment les fatales hémorragies de la délivrance. Et bien sûr aucun moyen de contraception n'était utilisé.

D'où l'idée d'ouvrir des… écoles pour les maris.

Dans le village de Sona (province de Tillabéri), nous avons visité l'une de ces écoles.

Sous l'arbre neem, des *maris modèles* racontent leur expérience et surtout la difficulté pour être admis, l'implacable sélection sur des critères sévères et précis : la disponibilité, la bonne moralité, l'engagement de permettre à sa femme de participer aux structures associatives, et surtout être "quelqu'un qui cultive l'harmonie au sein de la famille et de la société du village". Les cours sont donnés principalement par des sages-femmes dans les Centres de santé intégrés et comportent les informations de base sur la physiologie féminine.

Rassemblé sous un autre arbre, un groupe de femmes discutait. Je brûlais d'entendre leur avis.

– Alors, grâce à l'école, vos maris se sont-ils améliorés ?

L'une des épouses, la moins jeune, veut bien s'exprimer.

– Le changement le plus important, c'est la fin de l'inattention. Avant, on vivait chacun dans un monde. Le monde des hommes n'avait aucune connaissance du monde intime des femmes. Maintenant ils s'intéressent. Et comme ils s'intéressent, ils nous respectent. Et dans le respect on peut parler.

Ses jeunes amies acquiescent et la frappent dans le dos pour la pousser à compléter.

– La plus grande vérité serait de dire que c'est nous qui décidons enfin pour l'espacement des naissances.

Les femmes applaudissent.

En 2021, 1 284 de ces écoles avaient été ouvertes dans le pays et 12 388 maris modèles en étaient sortis pour devenir les ambassadeurs d'une nouvelle relation entre les hommes et les femmes.

Mali, Burkina, Niger. Que devient le Sahel ? Partout des putschs ont porté des militaires au pouvoir. Tous, ils ont choisi les Russes pour alliés contre les islamistes. Avec des résultats militaires partout désastreux.

À Niamey, le président élu Mohamed Bazoum est toujours retenu prisonnier. Durant son mandat ainsi écourté, il avait tant fait pour son pays. Les soldats ne le lui ont pas pardonné.

Sahel tant aimé et tant parcouru, cinquante années durant. Pourrai-je un jour, de mon vivant, y retourner.

Mali. Bamako.

Aujourd'hui, samedi, dernier jour du ramadan. Ville un peu morte… Le lendemain, départ pour Ségou. L'hôtel est du mauvais côté du fleuve Niger. Mauvaise idée, il faut demander pour traverser, quitter cet hôtel tout mignon fait pour les amoureux et rejoindre la vraie ville. Le patron est français, marié à une jeune Bambara qui a l'âge de sa fille. Elle conduit le Range Rover et sans doute conduit tout le reste. Lui, il picole, bière, pastis, reçoit des chasseurs deux mois par an…

C'est tranquille le long du fleuve. Peu de monde dans les rues. Quelques femmes se lavent à moitié nues dans le fleuve, c'est inattendu et beau. Un film de fait…

Départ pour Koutiala.

J'attends l'autocar. Il a trois heures de retard, bien sûr… *J'ai faim*, c'est le nom du restaurant en face de moi. Bon voyage, bonne ambiance dans le bus… Usine de coton, j'arrive à la nuit, formidable. Camions des années 60 recouverts de blanc, dans une cour elle aussi toute blanche, blanche de coton, hangars métalliques, gros projecteurs, façon camps, je pense à la Pologne, je sais pas pourquoi.

À l'intérieur, bruit et fureur. Machines d'un autre âge, anglaises, XIXe siècle, pistons, vapeur, vibrations, éclairage, néon. Il flotte dans l'air une neige de coton qui est partout. Il vole. Il rentre dans les yeux, dans la bouche, obstrue le moindre orifice, entoure les fils électriques comme du givre. Les ouvriers se protègent avec des masques de plongée, des lunettes de ski, ambiance fantastique. Certains posent pour moi, nonchalants, élégants dans ce délire.

Retour à l'hôtel, cinq films. Je tousse. je me gratte, je nettoie les Leica, ma bouche, mes narines, mes yeux. Je pense à eux, les gars dans l'usine, combien de temps peuvent-ils durer dans cet enfer ?

Départ pour Kidal, on arrive en avion, un petit, piloté par une femme belge. On s'y prend à trois fois pour décoller, il y avait un ballot gros comme une meule de blé qui déséquilibrait l'avion, fallait le changer de place pour chaque tentative de décollage. Il était troué, ce ballot. J'aperçois des billets de banque !

Arrivée à Kidal. Ici, c'est un autre monde, finis le fleuve et la verdure, c'est le domaine du sable et des Touaregs, mur de briques qui sépare le désert du désert, étrange. Un cuisinier me prend en amitié, me promène sur sa mobylette, un film de fait.

On est partis vers le nord, deux voitures, accompagnés par un Touareg tout à fait francophone. Sur la route en plein désert. Il nous dit : j'ai des cousins dans le coin, on va aller les voir. Le coin, c'était l'immensité du sable, du vide. Nulle part, en vrai… et d'un coup à 400 m, après une heure de voiture, on aperçoit trois tentes, deux chameaux, trois chèvres, dix personnes, les cousins. On est restés là une demi-heure, on a bu du thé, on est repartis. Mystères de l'orientation…

Sur le chemin il faut manger. On trouve un village, on achète une chèvre, on s'arrête plus loin, on suit ses ordres : faire un feu, mettre des pierres dans le feu. Il suspend la chèvre, l'ouvre, sort l'estomac, les intestins, vide tout ça, nettoyage le mieux possible avec l'eau des jerricans. Pendant que les pommes de terre et les carottes cuisent à part, il coupe en morceaux les intestins. Dans l'estomac il jette les morceaux d'intestins, les pommes de terre, les carottes et trois ou quatre cailloux brûlants, cinq minutes après il ouvre la poche et c'est prêt ! Gastronomie du désert intelligente et débrouillarde. Il faut aimer les tripes.

On est au nord du Mali, en haut, on dort sur place, on avait une escorte qui nous pose et qui disparaît. On se demande où ils vont et on comprend… ils reviennent tard le soir, ils sont allés rançonner des camionneurs, intercepter des migrants qui marchent vers le nord, des vrais gangsters… On leur parle un peu. On leur dit naïvement : c'est pas beau tout ça. Ils sont soldats ou gendarmes, ils répondent : on a pas été payés depuis six mois…

On dort dans des tentes, le matin un type m'amène dans la tente des femmes, une dizaine de photos, sans paroles, que des sourires. On débarque l'après-midi dans une sorte de fête. Magnifique, musique, chants… Beauté un peu triste des enfants, jeunes filles endimanchées, hommes enturbannés, mystérieux. Bonne journée, cinq films.

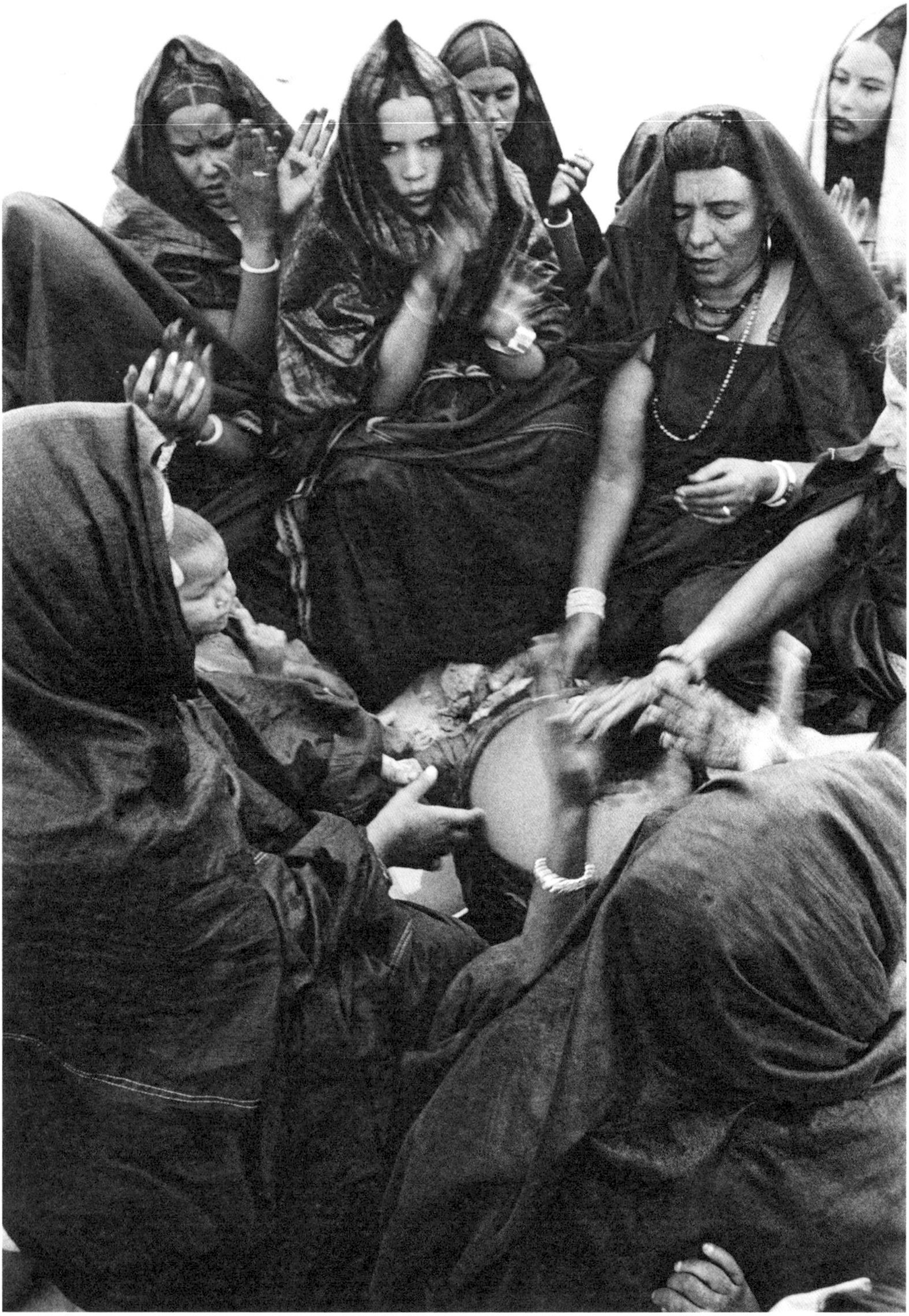

BANGLADESH

En première ligne
face aux périls

Amoureux des fleuves, je rêvais du Bangladesh, patrie de deux géants, le Gange et le Brahmapoutre, vieux Bengale toujours vivant, innervé de très subtiles musiques et de très anciennes poésies, terre d'invraisemblables vaillances humaines, proie rêvée de cyclones de plus en plus fréquents… et royaume, me disait-on, d'encore quelques tigres dans ce qui reste de mangroves.

L'occasion me fut enfin fournie par la rencontre d'une merveille d'être humain, aussi poétique que méticuleusement précis, et toujours concret dans sa perpétuelle générosité.

Cet homme s'appelle Yves Marre, steward de profession.

Tombé en fol amour de ce Bangladesh en même temps que d'une certaine Grande Dame, Runa Khan, créatrice, là-bas, d'une formidable ONG (Friendship), figurez-vous qu'il achète un jour à Dunkerque une vieille péniche (modèle Freycinet). Il la descend tant bien que mal jusqu'à l'étang de Berre, l'équipe quelque peu. Et avec pour seul équipage un oisif rencontré sur le quai (il sortait juste de prison), il gagne Dhaka, par la mer, oui, bonnes gens, canal de Suez, mer Rouge, sud de l'Inde…

C'est cette péniche que je retrouverais plus tard et plus haut sur le Brahmapoutre. Elle est devenue… hôpital ophtalmologique.

Vingt ans plus tard, je relis avec émotion les lignes écrites pour mon reportage sur *l'avenir de l'eau* :

La péniche monte et descend le fleuve, entre le grand pont de Bangabandhu et la ville de Gaibanda. Elle demeure à un endroit quelques semaines, puis lève l'ancre pour aller soigner ailleurs, sept jours sur sept, déjà des centaines de milliers de patients. Deux fois par mois, le programme officiel affiche : "cataracte". J'arrive pour la visite de contrôle. Soixante hommes et femmes sont alignés sur le sable, accroupis. Ils ont dormi dans des tentes, sur la rive.

Comme rien n'est jamais parfait, Bernard, qui m'accompagne, proteste :

– On m'a mis les malades à contre-jour !

Il trouve du plus joli effet ces compresses blanches au-dessus des saris des femmes, safran, carmin, framboise... Il voudrait, pour leur rendre plein hommage, de la bonne lumière. J'ai toutes les peines du monde à lui expliquer qu'il faut protéger ces cornées toutes neuves. L'un après l'autre, le docteur retire les pansements. Il inspecte l'œil, il laisse tomber trois gouttes. Puis vient la leçon : aux soixante, schéma à l'appui, une infirmière dispense des conseils d'hygiène et des indications de soins quotidiens. Les soixante se lèvent et retournent chez eux, à petits pas chancelants. Ils habitent souvent des villages très éloignés. Les soixante suivants attendent, eux aussi alignés, mais devant la passerelle. Ils portent un sparadrap sur le front, les uns sur la droite, les autres sur la gauche. Méthode infaillible pour indiquer à l'ophtalmo l'œil à opérer.

Pour compléter l'action de la péniche, Friendship a créé cent cliniques satellites. Cliniques fragiles, puisque installées sur des îles nomades. Lorsque vient l'inondation, on démonte la clinique. On la reconstruira ailleurs, là où la terre aura daigné arrêter, pour un temps, sa dérive.

Les *chars* sont des îles, mais des îles fragiles, car des îles faites de sable seul, des îles que noient la mousson ou les cyclones, des îles que fleuve ou mer emportent, des îles qui s'en vont, des îles nomades, des îles dont la plupart ne réapparaîtront pas.

Il y a des *chars* de mer comme le *char* Kukri Mukri ou le *char* Maryabali, dans cet archipel de mangrove, qu'on appelle les Sundarbans, à l'extrême sud du pays. Il y a des *chars* de rivière, elles sont des centaines, plus de six cents, dit-on. Elles ont pour domicile mouvant le lit du Brahmapoutre, au nord du Bangladesh. Pourquoi les appelle-t-on nomades ? L'explication est simple : elles ne tiennent pas en place, entraînées par le courant, submergées par le *flood*, l'inondation.

Des hommes et des femmes, des familles vivent sur ces îles. Combien sont-ils, ces délaissés complets, ces abandonnés de tous et d'abord de Dhaka ? Plus de 2 millions sur les îles elles-mêmes, et trois ou quatre sur les rives qui sont tout autant sous menace perpétuelle.

Runa m'a expliqué le calendrier. De décembre à mars, le Brahmapoutre se repose. Il flâne, il méandre. Personne ne pourrait croire à ses violences passées. Les riverains en profitent pour panser leurs plaies.

Début avril, le grand fleuve se réveille : la fonte des glaces himalayennes le rappelle joyeusement à la vie. Début juin arrive la mousson. Le déluge commence, qui recouvre tout et emportera presque tout.

Cette fois, nous avons emprunté l'ambulance, elle aussi flottante, un catamaran conçu par le célèbre architecte naval Marc Van Peteghem.

Lorsque le fleuve se divise en bras, lorsque le chenal se rétrécit, nous devons monter dans une pirogue. Nous avançons entre des berges, à les toucher. Alors on comprend comment s'effrite le sol des îles nomades, comment il s'écoule ou tombe soudain, par plaques entières, avec la plantation qu'il porte. Cette usure n'est rien, elle a la douceur d'un sablier. Elle annonce seulement les tempêtes à venir. Je comprends que l'eau ne mesure pas seulement le temps. Elle l'accélère. L'eau a des colères, des impatiences que n'a pas le temps. L'eau charrie la sauvagerie du temps.

Après trois heures de slalom entre les hauts fonds, et vif hommage rendu aux oiseaux locaux, nous abordons aux pieds d'un petit, tout petit monticule juste au-dessus des eaux. "Bienvenue sur le *char* Khamar Jami !"

La pauvreté n'a pas de limite : on trouve toujours quelqu'un de plus pauvre que les pauvres. Mais la pauvreté dans ces *chars* atteint le fond, le fond du fond de la pauvreté. Vous en voulez des preuves ?

En voici une : ne pas pouvoir payer au piroguier le prix du passage de son île à la rive. De cinq à dix takas, de cinq à dix centimes d'euros.

Et en voici une autre : perdre tout, lorsque survient l'inondation, tout le peu qu'on a, perdre sa vache, perdre ses chèvres, perdre, juste avant la récolte, la terre que l'on a plantée, perdre sa maison, perdre une mère, perdre un enfant, deux enfants, qui ne savent pas nager, qui n'ont pas eu le temps ni la force de s'accrocher à un arbre, tout perdre, à peine a-t-on reconstruit.

Ça ne vous suffit pas ? Que dites-vous de cette situation : ne pas savoir quand, quel jour d'août ou de septembre reviendra la vague, qui de nouveau emportera, emportera tout.

Ces îles fluviales ont de courtes, très courtes, espérances de vie, de dix à quinze ans au sud, de deux à trois au nord. Mais, du fait du Réchauffement, des désordres croissants du climat, ces espérances ne cessent de raccourcir.

Bangladesh, si cher Bangladesh, devenu l'une de mes destinations régulières pour y retrouver l'amie tant admirée, Runa Khan. Son ONG Friendship continue son œuvre magnifique, au service de la santé, toujours, mais aussi de l'éducation, des communautés les plus fragiles et, plus généralement, du développement.

Ensemble, avec l'association que, grâce au soutien de la Compagnie nationale du Rhône, nous avons créée il y a maintenant dix ans (Initiatives pour l'avenir des grands fleuves), nous alertons et proposons.

TOUS les deltas du monde sont menacés, à TRÈS COURT TERME.

Par la montée de l'océan dilaté par le Réchauffement. Et par l'apport de plus en plus réduit de sédiments, du fait de la multiplication des barrages en amont.

Bangladesh, avant-garde martyre du dérèglement climatique.

Si la moitié de ses habitants se trouvent contraints de quitter leur pays, dans une région pauvre et déjà déchirée, vous imaginez 60 ou 70 millions de réfugiés ?

Sachez que 650 millions d'êtres humains habitent un delta.

Arrivée à Dacca. Déjeuner au German Club. Sorte d'ensemble chic, piscine, tennis, restaurant. Oasis pour expatriés. Présentation de l'âme de Frienship, Runa, femme bengalie dynamique, qui n'arrête pas de parler, jolie lorsqu'elle s'anime, elle s'anime souvent.

Visite de son hôpital et du laboratoire des maladies infectieuses. Salle des malades, très sommaire, lit en bois, ça sent, c'est oppressant, sordide, mais ça soigne.

Incroyable travail de Rona sur sa péniche. Centaines de gens, opérés de la cataracte tous, avec un pansement blanc, immaculé, sur un œil, qui vaquent sur la berge. Surréaliste.

Parti en hydravion vers le Gange et le Brahmapoutre, rêve d'enfance ! 50 minutes de vol, je veux montrer l'ombre de l'avion sur l'eau à Erik, il est dans son carnet.

Paysage nu, pas un arbre, de l'eau, du riz, ici et là, des barques, longues et fines, échouées, qui attendent que l'eau revienne. Des buffles peu nombreux, je croise des hommes, l'un d'eux a une cuvette nouée sur son crâne. Les regards sont vides, sans joie. Cinq films.

Retour à Dacca.

Bidonville le long de la voie ferrée. Cohue sur les rails, surtout des enfants, beaucoup d'enfants. Des poulets en liberté courent partout. Croyant me faire plaisir, Ils en attrapent un et lui coupe la tête.
Un train arrive, tout le monde se range, le train frôle les abris en tôle. Il est passé, tout recommence.

EQUIPMENTS
GOODS CARRIAGE

उत्कृष्ट
जनीगन्धा
MISS UNIVERS

প্রথম
শ্রেণী
नया
DS GROUP
Premium
Rajnigandha®
FLAVOURED
PAN MASALA

NERGY

M C S

কলকাতা

VINOD ENTERPRISES
ও সেমি পশমিনা
Duckback
VINOD ENTERPRISES
SHAWL
&
STOLE
SAMSU
SONY

कार्पोरेशन बैंक
Corporation Bank
DHARMATALLA BRANCH
A Premier Govt. Of India Enterprise
TAXI

डा. पुष्पा चौधरी
एम.बी.बी.एस. एम.डी. (पटना
एम.आर.सी.ओ.जी (लण्डन)
स्त्री रोग
विशेषज्ञ
प्रसुती गृह थापाथली
समय
डा. अरुणिमा श्रेष्ठ
विशेषज्ञ
(वीर अस्पताल)
प्रसुति विशेषज्ञ
(प्रशुति गृह)

CHINE

La puissance en marche

Depuis déjà des années, l'empire du Milieu est déchiré par une terrible guerre civile.

En septembre 1933, l'Armée rouge se trouve dans la province de Jiangxi, encerclée par les troupes de Tchang Kaï-chek.

Pour échapper à l'anéantissement, il est décidé de fuir vers le centre du pays avant de remonter vers le nord. Cette "longue marche" de 12 000 kilomètres durera près de deux ans. Ils étaient partis 135 000, ils ne seront que 25 000 à rejoindre une région plus favorable, le Shaanxi, en octobre 1935. Une épopée devenue légende, qui aura permis à Mao de prendre le pouvoir sur ses camarades.

Quand j'arrive en Chine, soixante-dix ans plus tard, pour y étudier, en prenant l'exemple du coton, les mécanismes concrets de la mondialisation, le pays marche toujours. Pour échapper à un autre ennemi, plus redoutable que Tchang Kaï-chek, qui est la misère. L'exode rural est massif. Par centaines de millions, les paysans gagnent les villes, principalement le long de la côte.

Inépuisable bonheur, et fertilité, de l'amitié, deux regards m'accompagnent : Bernard va photographier et Joël Calmettes filmer les personnages, et le coût environnemental, de ce formidable essor économique, sans pareil dans toute l'histoire.

Pauvre “campagne”, torturée de toutes les manières possibles. Dévorée par mille villes nouvelles. Creusée de mille milliers de bassins (pour les élevages de poissons). Percée de mille milliers de pylônes (support des incontournables panneaux publicitaires). Étouffée par une mer grisée sale : les toits des serres, des étendues infinies de plastique (il faut bien accélérer la pousse des légumes pour nourrir tant d’humains). Et j’allais oublier, la pire blessure faite au règne végétal, la pire humiliation : ces milliers d’hectares de pépinière, culture de masse, production en série… alignés de chaque côté de l’autoroute et soignés avec amour par un petit peuple dont on ne voit que les larges chapeaux pointus, des milliards de conifères et de palmiers, bébés, adolescents ou presque adultes. Déjà des pelleteuses s’apprêtent à les transporter jusqu’à leur futur domicile.

Un trou dans un trottoir quelque part donc quelque agglomération nouvelle.

Le gigantesque de ces pépinières, croissant au même rythme fou que les usines et les villes, fait réfléchir au mode chinois de développement. Elles attestent d’un besoin de nature que le progrès économique n’a pas tué. Besoin confirmé par le soin méticuleux avec lequel ces arbres sont replantés : échafaudages de bambous pour les aider à résister aux violences du vent ; bâches sombres pour leur éviter les trop brûlants rayonnements du soleil ;

cordes enroulées autour du tronc pour les protéger de toutes les autres agressions possibles, climatiques ou animales.

Ces pépinières reflètent d'abord cette hâte chinoise d'entrer au plus vite dans le futur. Qu'est-ce que le futur ? Un pays dans lequel les arbres sont déjà grands. Une planète sur laquelle la Chine aura retrouvé un statut perdu seulement durant deux siècles, à la suite des violences de la colonisation, celui de Première Puissance.

La voici, celle pour laquelle je suis venu ! La fameuse chaussette, dont Datang est devenue la capitale.

Dix paires d'yeux me scrutent. Il faut imaginer la pénombre, à peine éclairée par des néons poussiéreux. Il faut imaginer les murs noirs de suie, des planches tenant lieu de tables et des chaises en paille, plastique ou fer, un tableau d'ardoise, couvert de bâtonnets tracés à la craie, et la grande photo déchirée d'un basketteur américain. Huit femmes et deux hommes, torses nus, très jeunes. Tétanisés. Ils ont cessé net de travailler à mon entrée. Leurs mains ne bougent plus, plongées dans un carton. Sur le signe d'une femme – leur mère ? leur patronne ? leur mère et patronne ? – le mouvement leur revient d'un coup. Leur cadence est frénétique.

L'unique bureau de l'entreprise n'a pas de fenêtres. Il est tapissé de photos de mode. Ce décor n'a pas l'air d'égayer le directeur qui sommeille vaguement entre deux écrans. Sur le premier (la télévision), des amants s'engueulent. Sur l'autre, un ordinateur, défilent des idéogrammes. Comme ses employés, il ne porte qu'un pantalon. Sa femme (une pimpante, dans la catégorie implacable) le prie vivement de s'habiller. Il obtempère à la seconde, se saisit dans un tiroir d'une chemise Hugo Boss. Il peut alors se lever et me recevoir officiellement. Courbettes, flot de paroles, présentation des deux bambins qui eux aussi regardent la télévision, mais celle-ci posée sur le sol (dessins animés). Comme je refuse une cigarette, le directeur m'offre cinq paires de chaussettes Tom et Jerry. Un voisin instituteur est appelé, il parle anglais. Lui aussi est vêtu Hugo Boss. Il me livre les trois informations principales : premièrement, je me trouve dans une société de repassage. Deuxièmement, le repassage n'est pas un travail facile. Troisièmement, quelle importance ? Ici, à Datang, nous sommes tous au service de la chaussette.

Je dis mon admiration, prends congé et poursuis mon exploration.

Les ateliers se touchent, plus ou moins grands, plus ou moins propres. Chacun sa spécialité. Ici, on fabrique, on plie ou on empaquette. Là, on imprime des étiquettes dans toutes les langues du monde. Plus loin, on repasse. Se promener dans ces coulisses, les entrailles de Datang, c'est visiter l'histoire de l'industrialisation. En cinq pas et deux minutes, on change de siècle. À droite de la ruelle, c'est le XIXe siècle, les enfants ouvriers décrits par Dickens ont un peu grandi, mais l'environnement n'a pas changé. Même vacarme, même puanteur, même taudis pour dortoir, même soupe pour repas, même fatigue, même résignation dans les regards. De l'autre côté de la ruelle, voici le temps présent : clarté, propreté, automatisation… telle l'entreprise géante de Mme Hong, ancienne institutrice devenue présidente d'une société qui emploie mille personnes et produit chaque année 150 millions de paires de chaussettes.

Une fois livrée en Europe, qui peut savoir de quel côté de la ruelle, c'est-à-dire de quel siècle, vient une paire de chaussettes. Aucun règlement, notamment d'hygiène, ne semble unifier ces mondes ! Liberté aux entrepreneurs ! Sans doute les autorités veulent-elles croire que les conditions s'amélioreront en même temps que croîtra le chiffre d'affaires.

Bo Chen, notre interprète, me fait remarquer que la Chine (vingt fois la France) doit être considérée comme un continent plus que comme un pays. Dans votre Europe, n'avez-vous pas de disparités, entre Stockholm, par exemple, et je ne sais pas, moi, la Calabre ?

Ils sont ainsi des milliers d'ateliers derrière les calmes façades de Datang et ses larges avenues indolentes. Auxquels il faut ajouter beaucoup d'autres milliers dans la vingtaine de villages environnants. Au total, douze à treize mille entreprises familiales ne s'occupant que de chaussettes. On travaille tant qu'il y a des commandes. Mais comme les commandes ne manquent jamais, on ne cesse jamais de travailler. Souvent sept jours sur sept. Douze heures par jour. Pour mille yuans par mois (100 €). Un bon patron accordera une fois l'an une semaine de répit. L'occasion de retourner embrasser les siens restés au village, à l'autre bout de la Chine.

Gloire au Parti communiste, qui a lancé le mouvement.

Bien avant que, en 1992, Deng Xiaoping décide le Grand Virage, il s'est donné pour tâche d'insuffler aux masses le sens des affaires. Depuis toujours, certains paysans améliorent leurs fins de mois en vendant au bord des routes des chaussettes achetées dans l'une ou l'autre des villes voisines. Quand ils sont convoqués au Comité municipal, ces pauvres gens croient leur dernière heure arrivée : en cette fin des années 1970, le moindre faux pas idéologique peut être puni de mort.

En effet, ils sont accablés de reproches par les camarades-responsables : "Qu'avez-vous besoin de vous fournir ailleurs ? Avez-vous oublié la première leçon du Petit Livre rouge : compter sur ses propres forces ?" Aux paysans, sidérés, le Parti présente des catalogues coréens et italiens où des machines sont proposées. "Nous avons donné des consignes à la banque rurale. Son délégué, que voici, vous accordera le crédit nécessaire."

Bo Chen a trente-deux ans. Membre actif du PC durant ses années d'université, il est aujourd'hui tout acquis à la nouvelle religion capitaliste et très attaché à l'ordre social "qui seul permet le développement". Il répète qu'il ne s'intéresse plus à la politique. "C'est pour cela que j'ai déménagé. Pékin aime trop les idées. Ici, à Shanghai, on ne s'occupe que de business." Sa femme, Xui Shan, qui est passée par HEC, travaille pour L'Oréal. Directrice financière de la filière luxe. "Excellent salaire."

Je demande à Bo comment il voit l'avenir de la Chine.

– Pas différent de son passé. Mon pays a toujours été la première puissance du monde. Sauf durant les deux derniers siècles. Dans vingt ans, il aura retrouvé son rang.

– Et vous ne craignez pas la concurrence indienne ?

– L'Inde est trop démocratique. Elle y perd beaucoup trop d'énergie.

Bo nous parle souvent de Paris où il est resté six ans en tant que correspondant du *China Youth Daily.* Dans l'ensemble, il garde de bons souvenirs de son séjour. Mais une question le préoccupe :

– Pourquoi, en France, n'aimez-vous pas les enfants ?

Je m'étonne, me récrie, le prie de développer.

– Vous ne travaillez pas assez. Donc vous préparez mal l'avenir de vos enfants.

Et il enfonce le clou :

– Chaque année, la dette de la France augmente. Seuls ceux qui ne travaillent pas assez s'endettent. Et qui doit rembourser ? Les enfants.

Vingt ans plus tard, comment ne pas lui donner raison ? Au moins sur la dette de mon pays et sur le rang du sien (déjà deuxième puissance mondiale), avec des centaines de millions d'habitants sortis de la pauvreté, parmi lesquels mes amis fabricants de chaussettes.

À moi maintenant d'interroger :

– Pour les enfants, chacun sait que la Chine en manque.

Ton pays sera-t-il riche, *vraiment* riche, avant d'être vieux ?

Du seul point de vue du développement économique, votre capitalisme d'État n'a-t-il pas montré ses limites ? Quant à la démocratie, d'accord elle est malade, et doit être profondément renouvelée. Mais dans les cas graves, par exemple une pandémie, notre système n'a-t-il pas mieux géré que le vôtre ?

Bo Chen se tait.

Il faut dire que je ne sais plus comment le joindre, tant de temps a passé. Si quelqu'un pouvait me trouver son numéro…

Arrivée à Pékin, 22 millions d'habitants.

Passé la journée, sans enthousiasme, du monde, de l'espace, c'est propre, c'est ennuyeux.

Départ pour Tianjin, 15 millions d'habitants, un seul film de fait depuis mon arrivée ! Du jamais vu...

Chengdu, province du Sichuan, 22 millions d'habitants.

Journée pas mal pour le tourisme, pas pour mes photos.

Arrivée à Chongqing, 30 millions d'habitants. Minuit dans un grand hôtel, chambre immense, très luxe, télévision au bout de la baignoire, vue immense sur la ville.

Le matin, départ sous la brume pour essayer de ramener quelque chose. Je ne trouve pas, pas d'inspiration. Tout ce grouillement moderne, technologie intense, énorme publicité lumineuse, les chiffres que l'on me donne, les GPS qui doivent changer chaque année car la ville s'étend... Cinq périphériques !
Course à je ne sais quoi, dont j'ai du mal à imaginer la fin.

Je songe à la façon dont je vis, tranquille à Denfert-Rochereau.

Avion le matin pour le fameux barrage des Trois-Gorges, le plus grand du monde, dit notre guide.

Accueillis par Maurice, un Français qui y travaille, un expatrié, responsable des turbines. Il a « fait » dix pays, célibataire, costaud, bon vivant et tout.

Barrage sur le Yangtsé. Rien vu, pluie diluvienne, horizon bloqué à 10 m. Une douzaine de photos, Erik arrive à écrire dans son carnet sous un parapluie !

Le soir, invitation de notre expatrié dans un restaurant (pattes de poulet et tofu puant). Il est accompagné d'un ami chinois, ambiance festive, le dîner fini il nous amène côté boîte de nuit où il y avait les filles. On s'installe à une table entourée de ces jeunes hôtesses. Au bout d'un moment, dans une musique assourdissante j'ai réussi à nous arracher de l'endroit sous le regard méprisant de Maurice : on avait refusé le cognac et les filles.

Shanghai, 28 millions d'habitants.

Magnifique aéroport. Ville énorme bien sûr, régal pour les architectes, la tour Montparnasse a l'air ridicule.

Promenade sur le Bund, ancien quartier colonial à l'architecture mélangée. La nuit, c'est beau. De l'autre côté du fleuve, un quartier nouveau se construit. Le jour, des grues, énormément de grues, le regard se perd, elles disparaissent au loin.

AMPION OF LIVES
做生活的冠军
阳光100

3524579264

正宗重庆
麻辣燙
葷菜1元
素菜5角
鴨血粉絲湯 3元

洪崖洞
四月六日
品质

CONCLUSION

Et puis un jour s'arrête
la vie nomade.
Le besoin de toujours
plus loin
se change en volonté
de retrouver la source.
Et cette source a un chiffre, le
XIVe (arrondissement de Paris),
tout près des catacombes.

Adresse, aussi, et forcément, de notre éditrice Anne Marie. Nomade, elle aussi : nous lui devons tant de découvertes émerveillées de littérature portugaise et brésilienne.

L'amitié a sa géographie.

L'âge, une fois venu, réclame de la proximité.

Depuis longtemps, je rêvais d'un certain immeuble, rue Schoelcher, où j'allais, dans les années 1980, rendre des visites intimidées à Simone de Beauvoir. Exerçant, à l'époque, l'improbable fonction de "conseiller culturel du président de la République" (François Mitterrand), je faisais mon possible pour aider le très ombrageux Claude Lanzmann dans la production de son film *Shoah.*

Un beau jour, quarante-six ans plus tard, ma fille Judith, bénie soit-elle, tombe sur une annonce : un appartement se libère dans cet endroit légendaire. Nous y courons. De grandes photos de bateaux nous accueillent. À la seconde, je deviens l'ami des vendeurs (une famille de navigateurs).

Et c'est ainsi qu'aujourd'hui je vis sous la protection exigeante de trois fantômes immenses : l'autrice du *Deuxième sexe* ; Pierre Soulages, également habitant, un temps, du lieu ; Lee Miller, mannequin pour Vogue, muse de Man Ray, modèle de Picasso, avant d'être accréditée par l'armée américaine pour témoigner, en images, de la guerre mondiale. L'écriture, la peinture et la photographie réunies sous le même toit pour regarder le Réel en face.

Voyages aux pays nomades.

Et puis heureux qui comme Ulysse…

La vie est une boucle.

J'étais revenu à deux pas de chez Bernard, Muller, Capa et Cartier-Bresson.

Sachez que les deux rues, Schoelcher et Froidevaux, se croisent.

Comme l'on sait, Victor Schoelcher (1804-1893) fut journaliste, député, et l'initiateur du décret en date du 27 avril 1848 abolissant définitivement l'esclavage en France.

Le second, comme on ne le sait pas, François Xavier Eugène Froidevaux (1827-1882), lieutenant-colonel des sapeurs-pompiers de Paris, mourut dans un incendie, victime de son devoir.

Sachez aussi, et pour finir, qu'avant de prendre le nom de ce valeureux pompier, la rue s'appelait "du Champ-d'Asile".

TABLE

Conception graphique VPC

Photogravure : IGS-CP
Achevé d'imprimer en avril 2025
sur les presses de Florjancic Tisk en Slovénie
N° d'édition : 0562001
Dépôt légal : mai 2025

FSC
www.fsc.org
MIXTE
Papier | Pour une gestion forestière responsable
FSC® C106954